EMG3-0111
合唱楽譜<J-POP>

J-POP
CHORUS PIECE

合唱で歌いたい！ J-POPコーラスピース

混声3部合唱

366日

(HY)

作詞・作曲：仲宗根 泉　合唱編曲：古賀 藍

JN219783

••• 演奏のポイント •••

♪歌詞をよく読み、情景や女性の感情をしっかりと表現して歌うように心掛けましょう。声の表情を場面ごとに統一し、よく揃えましょう。Aメロ、Bメロは言葉をひとつひとつ噛みしめるように、サビは盛大に歌うと雰囲気がでるでしょう。

♪C、Eの男声パートはもたつかないように気をつけましょう。フレーズの頭はきちんと入り、テンポとリズムを正確に捉えてしっかり喋りましょう。

♪Gはピアノの刻みをよく聴いて気持ちをしっかりメロディーにのせて歌いましょう。他のパートとよく揃えるように心掛けてください。

♪ピアノ伴奏は、歌詞の意味をよく理解して切なさや悲しさを表現しましょう。また、Gは、これまで抑えていた感情をぶつけるようなつもりで演奏しましょう。

【この楽譜は、旧商品『366日（混声3部合唱）』（品番：EME-C3050）とアレンジ内容に変更はありません。】

ELEVATO
MUSIC ENTERTAINMENT

366日

作詞・作曲:仲宗根 泉　合唱編曲:古賀 藍

13
もどれないとしっ てても つながっ て いたーくてー
B♭/D E♭M7 Fm Fm/B♭ E♭ B♭/D Cm7 F7
17 B
tutti
mp
はじめーてこんなーー きもちになった たー たまにーしかあうこと できな くなって
p
Hum.
B B♭/D E♭M7 Fsus4 B♭sus4 B♭/A Gm7 C/E Cm7 Cm7/F F
mp
21
mp
くちやくそくはあ た りま え それで も いいーから……ー
くちやくそくはあ た りま え それで も いいーから……ー
B♭/D E♭ Fm B♭7 E♭ B♭/D Cm9 Cm7/F F

25
C
mf
あ なたがまたー わた しをすきになる ーー
mf
あ なたがまたー わた しをすきになる ーー
mf
かないもしな い こ の ねがい ー
C
Cm7 Gm7 Dm7 E♭M7 Gm/D Cm7 E♭/F Gm
mf
29
きょう も ー あなたに あ いー たいー
きょう も ー あなたに あ いー たいー
そんなはかない わた し のねがい ー きょう も ー あなたに あ いー たいー
Cm7 Gm Dm7 E♭M7 Gm/D Cm7 E♭/F F
33
D
mf
そ れ で ー も いいーー ー ー ー そ れ で ー も いいとお
D
B♭/D E♭M7 Fsus4 B♭sus4 B♭/A Gm7 C7/E
mf

37
mf
いつしかあなた は あうこ と さえこ ばんでーきてー
も えた こい だ った いつしかあなた は あうこ と さえこ ばんでーきてー
mp
Hum.
Cm7 Cm7/F F B♭/D E♭ Fm B♭7 E♭ B♭/D Cm9
41
E
mf
あのときわたし わす
mf
あのときわたし わす
mf
ひとりになる と かん が えてしまう ー
Cm7/F F
E
Cm7 Gm Dm7 E♭M7 Gm/D Cm7 E♭/F
mf
45
れたらよかっ たの?ーー
れたらよかっ たの?ーー
mf
でもこのなみ だが こ た えでしょう?ー
ここ ろー にうそは
ここ ろー にうそは
ここ ろー にうそは
Gm Cm7 Gm Dm7 E♭M7 Gm/D Cm7

49
F
f
つ けー ないー
こわい くらいー おぼ え ているー のー
つ けー ないー
こわい くらいー おぼ え ているー のー あ
つ けー ないー
こわい くらいー おぼ え ているー のー
E♭/F F
F
B♭ F/A Gm Dm
6
53
Ha
おかしいでしょう?ー そう いってわらってよー わ
なたのにおーいや しぐさやすべてをーー
おかしいでしょう?ー そう いってわらってよー わ
Ha
おかしいでしょう?ー そう いってわらってよー わ
Cm7 B♭/D E♭ Fsus4 F B♭ F Gm Dm
57
1.
かれているーのに あなたのことばかーりー
かれているーのに あなたのことばかーりー
かれているーのに あなたのことばかーりー
Cm7 B♭/D
1.
Cm7 B♭/D E♭ F7 B♭

60
G
mf
こ いが こ ん な に く るしい な んて こ いが こ ん な に か なしい な んて
こ いが こ ん な に く るしい な んて こ いが こ ん な に か なしい な んて
こ いが こ ん な に く るしい な んて こ いが こ ん な に か なしい な んて
Edim E♭ B♭/D Gm7
64
お もわーな かーっ たーの ほ んきーで あー な た を ー お も ってー ー しったー
お もわーな かーっ たーの ほ んきーで あー な た を ー お も ってー ー しったー
Hum. ほ んきーで あー な た を ー お も ってー ー しったー
Fm7 B♭ E♭ B♭/D Cm7 Dm D/F♯ E♭ B♭/D
68
2.
な た の こ と ば かーり
な た の こ と ば かーり
な た の こ と ば かーり
Cm7 B♭/D E♭ F
6
2.
Cm7 B♭/D E♭ F7

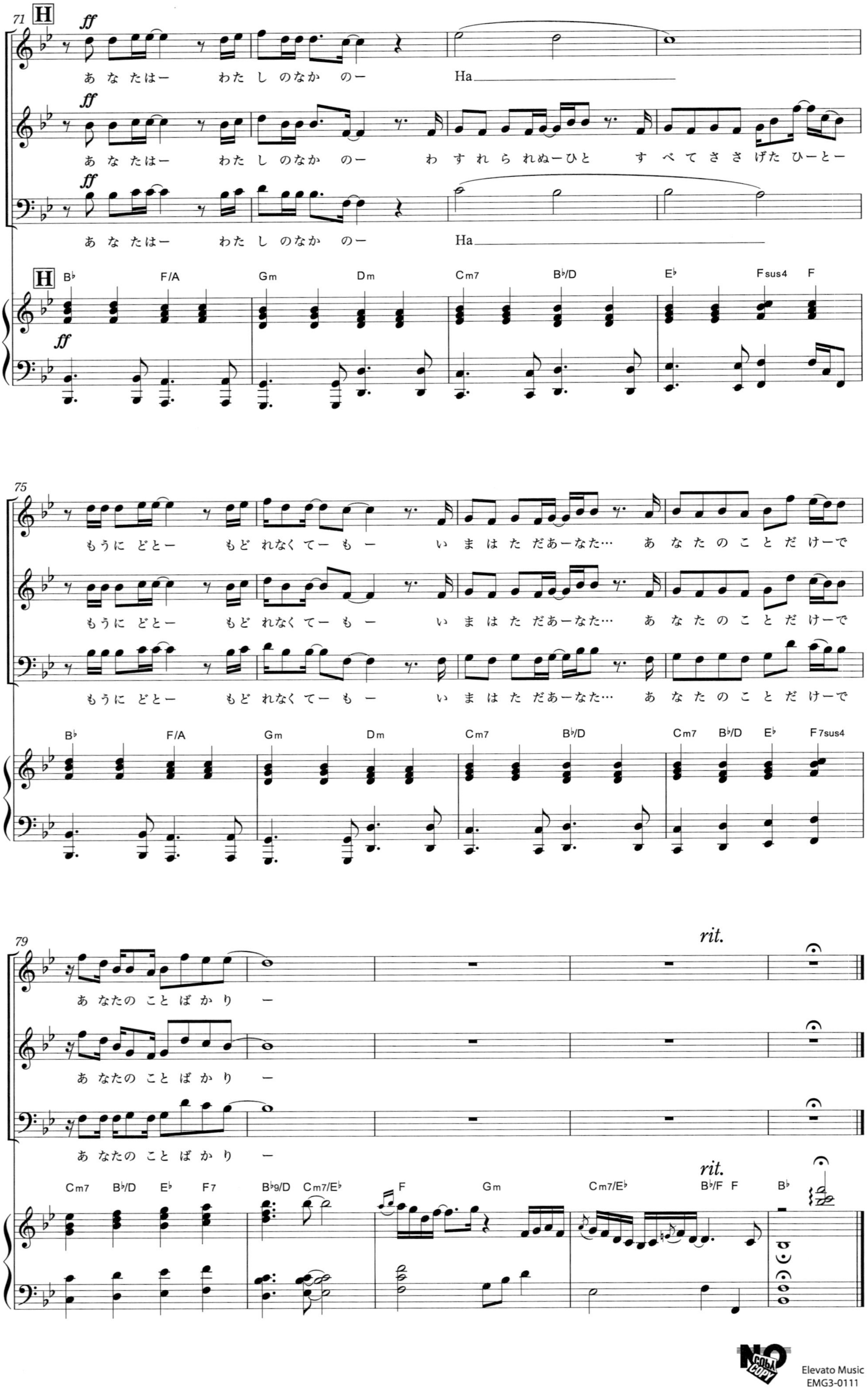
71
H
ff
あ な たはー わたし のなか のー Ha
あ な たはー わたし のなか のー わ す れ ら れぬーひと す べ て さ さ げた ひーとー
あ な たはー わたし のなか のー Ha
B♭ F/A Gm Dm Cm7 B♭/D E♭ Fsus4 F
75
もうに どとー もど れなくてー もー い ま は た だあーなた… あ な た の こ と だ けーで
もうに どとー もど れなくてー もー い ま は た だあーなた… あ な た の こ と だ けーで
もうに どとー もど れなくてー もー い ま は た だあーなた… あ な た の こ と だ けーで
B♭ F/A Gm Dm Cm7 B♭/D Cm7 B♭/D E♭ F7sus4
79
rit.
あ なたの こと ば か りー
あ なたの こと ば か りー
あ なたの こと ば か りー
Cm7 B♭/D E♭ F7 B♭9/D Cm7/E♭ F Gm Cm7/E♭ B♭/F F B♭

366日 （HY）

作詞：仲宗根 泉

それでもいい　それでもいいと思える恋だった
戻れないと知ってても　繋がっていたくて
初めてこんな気持ちになった
たまにしか会う事　出来なくなって
口約束は当たり前
それでもいいから……

叶いもしない　この願い
あなたがまた　私を好きになる
そんな儚い　私の願い
今日も　あなたに　会いたい

それでもいい　それでもいいと思えた恋だった
いつしかあなたは会う事さえ拒んできて

一人になると　考えてしまう
あの時　私　忘れたらよかったの？
でもこの涙が　答えでしょう？
心に嘘は　つけない

恐いくらい覚えているの　あなたの匂いや　しぐさや全てを
おかしいでしょう？　そう言って笑ってよ　別れているのにあなたの事ばかり

恋がこんなに苦しいなんて　恋がこんなに悲しいなんて
思わなかったの　本気であなたを思って　知った

恐いくらい覚えているの　あなたの匂いや　しぐさや全てを
おかしいでしょう？　そう言って笑ってよ　別れているのにあなたの事ばかり

あなたは私の中の忘れられぬ人　全て捧げた人
もう二度と　戻れなくても
今はただあなた…　あなたの事だけで
あなたの事ばかり

MEMO

MEMO

ELEVATO
MUSIC ENTERTAINMENT

ELEVATO
MUSIC ENTERTAINMENT

エレヴァートミュージックエンターテイメントはウィンズスコアが
展開する「合唱楽譜・器楽系楽譜」を中心とした専門レーベルです。

ご注文について

エレヴァートミュージックエンターテイメントの商品は全国の楽器店、ならびに書店にてお求めになれますが、店頭でのご購入が困難な場合、下記PC&モバイルサイト・FAX・電話からのご注文で、直接ご購入が可能です。

◎PCサイト&モバイルサイトでのご注文方法

http://elevato-music.com

上記のアドレスへアクセスし、WEBショップにてご注文ください。

◎FAXでのご注文方法

FAX.03-6809-0594

24時間、ご注文を承ります。上記PCサイトよりFAXご注文用紙をダウンロードし、
印刷、ご記入の上ご送信ください。

◎お電話でのご注文方法

TEL.0120-713-771

営業時間内に電話いただければ、電話にてご注文を承ります。